The Silence of Longing: Short Stories for Dutch Language Learners

Artici Bilingual Books

Published by Artici Bilingual Books, 2024.

While every precaution has been taken in the preparation of this book, the publisher assumes no responsibility for errors or omissions, or for damages resulting from the use of the information contained herein.

THE SILENCE OF LONGING: SHORT STORIES FOR DUTCH LANGUAGE LEARNERS

First edition. March 23, 2024.

Copyright © 2024 Artici Bilingual Books.

ISBN: 979-8224951352

Written by Artici Bilingual Books.

Table of Contents

De Stilte van Verlangen

In een vergeten hoek van de stad, waar de straten bedekt zijn met een sluier van vergeelde herinneringen en de geur van verloren dromen in de lucht hangt, woonde een vrouw die haar naam lang geleden was vergeten. Ze leefde in een kleine kamer boven een kruidenierswinkel, waar de geluiden van de straat slechts fluisterden door de gesloten ramen.

Haar dagen gleden voorbij als schepen in de nacht, onopgemerkt en zonder richting. Ze vulde haar tijd met het verzamelen van woorden, die ze zorgvuldig neerpende in een oud notitieboekje dat ze ooit had gevonden op een verlaten bankje in het park. Haar gedachten dansten als schaduwen over de pagina's, elk woord een stille echo van haar verlangen naar iets dat ze niet kon benoemen.

Op een regenachtige middag, terwijl de straten glinsterden als een spiegel van gebroken dromen, stapte een vreemdeling de kruidenierswinkel binnen. Zijn ogen waren als donkere poelen van mysterie, en zijn glimlach droeg de belofte van vergeten passie. Hij wendde zich tot de vrouw achter de toonbank en vroeg om een pakje sigaretten, zijn stem fluisterend als de wind die door oude bomen ruist.

De vrouw keek op van haar notitieboekje en ontmoette zijn blik. Er was iets in zijn ogen dat haar deed denken aan een verloren paradijs, een plek waar de tijd stil stond en de wereld gehuld was in een mantel van stilte. Ze glimlachte zwakjes en reikte hem het pakje sigaretten aan, haar handen trillend van verlangen.

Terwijl hij de winkel verliet, bleef ze hem nakijken, haar hart bonzend als een vogel die probeerde te ontsnappen aan zijn kooi. Ze wist dat ze hem nooit zou vergeten, dat zijn aanwezigheid in haar leven als een zachte melodie zou blijven resoneren in de diepten van haar ziel.

In de dagen die volgden, dwaalden haar gedachten steeds weer af naar de vreemdeling die haar hart had gestolen met slechts een enkele glimlach.

Ze verzonk dieper in haar dromen, haar notitieboekje haar enige metgezel in de stille uren van de nacht. Haar pen danste over de pagina's, haar woorden een verweven web van verlangen en herinnering.

Op een avond, toen de maan hoog aan de hemel stond en de sterren fonkelden als diamanten in het duister, klopte er zachtjes iemand op haar deur. Haar hart sloeg over terwijl ze opstond en langzaam naar de deur liep, haar ademhaling gevangen in de kooi van haar borst.

Toen ze de deur opendeed, stond de vreemdeling voor haar, zijn ogen glinsterend in het bleke maanlicht. Zonder een woord te zeggen, nam hij haar hand en leidde haar naar buiten, naar een wereld die gevuld was met de belofte van nieuwe horizonten.

Samen liepen ze door de verlaten straten, hun voetstappen gedempt door het tapijt van gevallen bladeren. De stilte omhulde hen als een oude vriend, haar armen warm en geruststellend om hun schouders geslagen.

Uren gleden voorbij als minuten, en toch leken ze eeuwig te duren in de kamer van hun hart. Ze spraken niet, maar deelden slechts een blik die dieper reikte dan woorden ooit zouden kunnen. In elkaars aanwezigheid vonden ze een vreemde soort rust, een stilte die hun verlangen naar elkaar verzachtte en hen verbond op een niveau dat voorbij begrip lag.

Toen de eerste stralen van de ochtendzon de horizon raakten, stonden ze samen aan de oever van de rivier, hun handen verstrengeld als de wortels van een oude boom. De wereld om hen heen ontwaakte langzaam uit zijn sluimer, maar zij bleven staan, verzonken in de stilte van hun verlangen.

The Silence of Longing

In a forgotten corner of the city, where the streets are covered with a veil of yellowed memories and the scent of lost dreams lingers in the air, lived a woman who had long forgotten her name. She lived in a small room above a grocery store, where the sounds of the street only whispered through the closed windows.

Her days passed like ships in the night, unnoticed and without direction. She filled her time with collecting words, which she carefully penned down in an old notebook she had once found on an abandoned bench in the park. Her thoughts danced like shadows across the pages, each word a silent echo of her longing for something she could not name.

One rainy afternoon, while the streets glistened like a mirror of shattered dreams, a stranger entered the grocery store. His eyes were like dark pools of mystery, and his smile carried the promise of forgotten passion. He turned to the woman behind the counter and asked for a pack of cigarettes, his voice whispering like the wind rustling through old trees.

The woman looked up from her notebook and met his gaze. There was something in his eyes that reminded her of a lost paradise, a place where time stood still and the world was cloaked in a mantle of silence. She smiled weakly and handed him the pack of cigarettes, her hands trembling with longing.

As he left the store, she watched him, her heart pounding like a bird trying to escape its cage. She knew she would never forget him, that his presence in her life would remain like a soft melody resonating in the depths of her soul.

In the days that followed, her thoughts kept drifting back to the stranger who had stolen her heart with just a single smile. She sank deeper into her dreams, her notebook her only companion in the silent hours of the night. Her pen danced across the pages, her words a woven web of longing and memory.

One evening, as the moon hung high in the sky and the stars sparkled like diamonds in the darkness, someone gently knocked on her door. Her heart skipped a beat as she got up and slowly walked to the door, her breath caught in the cage of her chest.

When she opened the door, the stranger stood before her, his eyes sparkling in the pale moonlight. Without a word, he took her hand and led her outside, into a world filled with the promise of new horizons.

Together they walked through the deserted streets, their footsteps muffled by the carpet of fallen leaves. The silence enveloped them like an old friend, its arms warm and reassuring around their shoulders.

Hours passed like minutes, and yet they seemed to last an eternity in the chamber of their hearts. They did not speak, but only shared a glance that reached deeper than words ever could. In each other's presence, they found a strange kind of peace, a silence that softened their longing for each other and connected them on a level beyond understanding.

As the first rays of the morning sun touched the horizon, they stood together on the riverbank, their hands entwined like the roots of an ancient tree. The world around them slowly awakened from its slumber, but they remained standing, lost in the silence of their longing.

De Geheimen van Zomerhuisje aan Zee

Op een afgelegen plek aan de kust stond een klein zomerhuisje, verscholen tussen de duinen en omringd door wilde bloemen. Het huisje was al vele jaren verlaten, zijn muren verweerd door de zilte zeewind en zijn ramen donker van stof.

Op een warme zomerdag arriveerde een jonge vrouw genaamd Julia bij het zomerhuisje. Ze was op zoek naar een rustige plek om te ontsnappen aan de drukte van het stadsleven en vond dit verlaten huisje aan zee. Julia had gehoord dat het huisje ooit toebehoorde aan haar overgrootmoeder, die het jaren geleden had verlaten onder mysterieuze omstandigheden.

Terwijl Julia het huisje betrad, voelde ze een golf van nostalgie over zich heen komen. Herinneringen aan haar jeugd kwamen naar boven - zomers doorgebracht aan de kust, spelen in de duinen en zwemmen in de zee. Maar er was ook een donkere schaduw die over het huisje leek te hangen, een gevoel van geheimzinnigheid en verlies.

Terwijl de avond viel, besloot Julia om de omgeving van het huisje te verkennen. Ze liep langs de kronkelende paden door de duinen, haar voeten zinkend in het zachte zand. Af en toe ving ze een glimp op van de glinsterende zee, verlicht door de laatste stralen van de ondergaande zon. Plotseling stuitte Julia op een verborgen tuin achter het huisje, verscholen tussen de duinen en gevuld met vergeten bloemen en struiken. In het midden van de tuin stond een verweerde fontein, zijn waterspuwer verstopt onder een laag mos.

Julia voelde een onweerstaanbare drang om de fontein te onderzoeken. Ze veegde het mos weg en draaide aan de oude hendel, waardoor het water langzaam begon te stromen. En toen gebeurde er iets magisch - de tuin begon tot leven te komen, de vergeten bloemen bloeiden weer op en de lucht vulde zich met de geur van zomer.

Terwijl Julia verwonderd toekeek, verscheen er plotseling een figuur uit de schaduwen van de tuin. Het was een oude vrouw, met grijs haar en een vriendelijk gezicht. Ze glimlachte naar Julia en stelde zich voor als Anna, de bewaakster van de tuin.

Anna vertelde Julia over de geschiedenis van het zomerhuisje en de geheimen die het verborg. Ze sprak over de liefde en het verdriet dat ooit binnen de muren had gewoed, en over de kracht van herinneringen die nooit verloren gaan.

Julia luisterde aandachtig naar Anna's woorden, haar hart vervuld van verwondering en ontzag. Ze voelde een diepe verbondenheid met het huisje en de mensen die daar ooit hadden gewoond, alsof hun geesten nog steeds rondwaarden in de donkere hoeken en gangen.

Na een lange avond van praten en herinneringen ophalen, nam Julia afscheid van Anna en keerde terug naar het huisje. Terwijl ze naar bed ging, voelde ze een diepe rust over zich heen komen, wetende dat ze eindelijk de plek had gevonden waar ze thuishoorde.

En toen ze de volgende ochtend ontwaakte, werd Julia begroet door de warme zonnestralen die door het raam naar binnen schenen. Ze glimlachte naar de zee, haar hart vervuld van vrede en geluk. Want hoewel het verleden misschien vol geheimen en mysteries was, wist ze dat ze altijd een plek zou hebben aan de kust, in het zomerhuisje waar haar verhaal begon.

The Secrets of the Summer Cottage by the Sea

In a secluded spot on the coast stood a small summer cottage, nestled among the dunes and surrounded by wildflowers. The cottage had been abandoned for many years, its walls weathered by the salty sea breeze and its windows dark with dust.

On a warm summer day, a young woman named Julia arrived at the summer cottage. She was seeking a quiet place to escape the bustle of city life and found this deserted cottage by the sea. Julia had heard that the cottage once belonged to her great-grandmother, who had left it years ago under mysterious circumstances.

As Julia entered the cottage, she felt a wave of nostalgia wash over her. Memories of her childhood came flooding back - summers spent by the coast, playing in the dunes and swimming in the sea. But there was also a dark shadow that seemed to hang over the cottage, a sense of mystery and loss.

As evening fell, Julia decided to explore the surroundings of the cottage. She walked along the winding paths through the dunes, her feet sinking into the soft sand. Occasionally, she caught a glimpse of the sparkling sea, illuminated by the last rays of the setting sun.

Suddenly, Julia stumbled upon a hidden garden behind the cottage, nestled among the dunes and filled with forgotten flowers and shrubs. In the center of the garden stood a weathered fountain, its spout hidden under a layer of moss.

Julia felt an irresistible urge to investigate the fountain. She brushed away the moss and turned the old handle, causing the water to slowly flow. And then something magical happened - the garden came to life, the forgotten flowers blooming again, and the air filled with the scent of summer.

As Julia watched in wonder, a figure suddenly appeared from the shadows of the garden. It was an old woman, with gray hair and a friendly face. She smiled at Julia and introduced herself as Anna, the guardian of the garden.

Anna told Julia about the history of the summer cottage and the secrets it held. She spoke of the love and sorrow that had once raged within its walls, and of the power of memories that never fade.

Julia listened attentively to Anna's words, her heart filled with wonder and awe. She felt a deep connection to the cottage and the people who had once lived there, as if their spirits still wandered in the dark corners and corridors.

After a long evening of talking and reminiscing, Julia bid farewell to Anna and returned to the cottage. As she went to bed, she felt a deep peace wash over her, knowing that she had finally found the place where she belonged.

And when she awoke the next morning, Julia was greeted by the warm rays of the sun shining through the window. She smiled at the sea, her heart filled with peace and happiness. For though the past may be full of secrets and mysteries, she knew that she would always have a place by the coast, in the summer cottage where her story began.

Rotterdam om middernacht

Het was middernacht in Rotterdam, de stad gehuld in een deken van duisternis en mysterie. De straten waren stil, op het zachte geluid van voetstappen na dat weerkaatste tegen de oude gebouwen. In een smal steegje, tussen de schaduwen van de vergeten tijd, bevond zich een klein café dat bekend stond als de ontmoetingsplaats voor degenen die de nacht omarmden.

In het café zat een vrouw aan de bar, haar lange donkere haren glanzend in het zwakke licht dat van de lampen boven haar hoofd sijpelde. Haar ogen waren als diepe poelen van verlangen, haar lippen rood als bloed. Ze staarde in de leegte van haar glas, haar gedachten verloren in een doolhof van herinneringen.

Plotseling werd haar aandacht getrokken door het geluid van een deur die openging aan de andere kant van de kamer. Een man trad binnen, zijn gestalte gehuld in schaduw. Hij liep langzaam naar de bar, zijn ogen zoekend naar iets dat hij leek te hebben verloren.

De vrouw keek op, haar hart bonzend in haar borst. Er was iets aan de man dat haar intrigeerde, iets dat haar deed denken aan een lang vergeten droom. Ze streek een losse pluk haar achter haar oor en glimlachte zwakjes terwijl hij naast haar kwam zitten.

"Mag ik je iets te drinken aanbieden?" vroeg hij, zijn stem fluweelzacht in de stille ruimte.

De vrouw knikte instemmend en bestelde een glas rode wijn. Terwijl ze wachtte op haar drankje, keek ze naar de man naast haar. Zijn ogen waren donker, maar straalden een warmte uit die haar deed smelten. Ze voelde een vreemde connectie met hem, alsof ze elkaar al jaren kenden.

Ze begonnen te praten, hun woorden als dansende vlinders in de nacht. Hij vertelde haar over zijn reizen rond de wereld, over de plaatsen die hij had gezien en de mensen die hij had ontmoet. Ze luisterde aandachtig, haar hart langzaam smeltend onder zijn betoverende woorden.

Terwijl de nacht voortduurde, leken de grenzen tussen hen te vervagen. Hun gesprekken werden dieper, hun aanrakingen voorzichtiger. Er hing een elektrische lading in de lucht, een spanning die hen beiden in zijn greep hield.

Toen de klok twaalf sloeg, stonden ze op van hun krukken en verlieten het café, hun handen verstrengeld als twee geliefden die elkaar eindelijk hadden gevonden. Ze liepen door de verlaten straten van Rotterdam, hun voetstappen gedempt door de zachte nacht.

Uren gleden voorbij als minuten terwijl ze door de stad zwierfden, hun gesprekken gevuld met lachen en fluisteringen. Ze voelden zich vrij, levendig, alsof ze eindelijk thuis waren gekomen na een lange reis.

Maar zoals alle goede dingen, kwam ook aan deze nacht een einde. Toen de eerste stralen van de ochtendzon de horizon raakten, stonden ze samen aan de oever van de Maas, de stad ontwaakte langzaam om hen heen.

De man keek de vrouw aan, zijn ogen glinsterend in het vroege ochtendlicht. "Dit was een bijzondere nacht," zei hij zachtjes, zijn stem gevuld met emotie.

De vrouw glimlachte en knikte instemmend. "Ja, dat was het zeker," antwoordde ze, haar hart zwaar van de gedachte aan het naderende afscheid.

Ze wisten allebei dat ze elkaar ooit zouden moeten verlaten, dat de realiteit van het daglicht hun betoverende nacht zou verbreken. Maar op dat moment, aan de oever van de Maas, leken de zorgen van de wereld ver weg, vervangen door een gevoel van vrede en geluk.

En zo stonden ze daar, twee vreemden in de ochtendzon, verbonden door een nacht die hen voor altijd zou veranderen. Ze wisten niet wat de toekomst zou brengen, maar op dat moment maakte het niet uit.

Rotterdam at Midnight

It was midnight in Rotterdam, the city cloaked in a blanket of darkness and mystery. The streets were quiet, save for the soft sound of footsteps echoing against the old buildings. In a narrow alley, amidst the shadows of forgotten time, stood a small café known as the meeting place for those who embraced the night.

In the café sat a woman at the bar, her long dark hair gleaming in the faint light seeping from the lamps above her head. Her eyes were like deep pools of desire, her lips red as blood. She stared into the emptiness of her glass, her thoughts lost in a maze of memories.

Suddenly, her attention was drawn to the sound of a door opening on the other side of the room. A man entered, his figure shrouded in shadow. He walked slowly to the bar, his eyes searching for something he seemed to have lost.

The woman looked up, her heart pounding in her chest. There was something about the man that intrigued her, something that reminded her of a long-forgotten dream. She tucked a loose strand of hair behind her ear and smiled weakly as he sat down beside her.

"May I offer you a drink?" he asked, his voice velvet soft in the quiet space.

The woman nodded in agreement and ordered a glass of red wine. As she waited for her drink, she glanced at the man beside her. His eyes were dark, yet radiated a warmth that melted her. She felt a strange connection to him, as if they had known each other for years.

They began to talk, their words like dancing butterflies in the night. He told her about his travels around the world, about the places he had seen and the people he had met. She listened attentively, her heart slowly melting under his enchanting words.

As the night wore on, the boundaries between them seemed to blur. Their conversations grew deeper, their touches more cautious. There was an electric charge in the air, a tension that held them both captive.

When the clock struck midnight, they rose from their stools and left the café, their hands intertwined like two lovers who had finally found each other. They walked through the deserted streets of Rotterdam, their footsteps muffled by the gentle night.

Hours passed like minutes as they wandered through the city, their conversations filled with laughter and whispers. They felt free, alive, as if they had finally come home after a long journey.

But like all good things, this night too came to an end. As the first rays of the morning sun touched the horizon, they stood together on the banks of the Maas, the city slowly awakening around them.

The man looked at the woman, his eyes sparkling in the early morning light. "This was a special night," he said softly, his voice filled with emotion.

The woman smiled and nodded in agreement. "Yes, it was," she replied, her heart heavy with the thought of the impending farewell.

They both knew that they would eventually have to part ways, that the reality of daylight would break their enchanting night. But in that moment, on the banks of the Maas, the worries of the world seemed far away, replaced by a sense of peace and happiness.

And so they stood there, two strangers in the morning sun, connected by a night that would change them forever. They didn't know what the future would bring, but in that moment, it didn't matter.

De Stilte van de Avond

In een afgelegen dorpje aan de rand van de rivier woonde een vrouw genaamd Elise. Ze leefde een eenvoudig leven, haar dagen gevuld met het verzorgen van haar moestuin en het luisteren naar de zachte klanken van de natuur.

Elise was een vrouw van weinig woorden, haar gedachten vaak verloren in de stilte van de avond. Haar huisje, omringd door wilde bloemen en groene velden, was een toevluchtsoord van rust en sereniteit in een wereld die steeds luidruchtiger leek te worden.

Op een koele avond in de herfst zat Elise buiten op haar veranda, haar blik gericht op de glinsterende sterren aan de hemel. Een zachte bries speelde met haar grijze haren terwijl ze mijmerde over het leven en de wereld om haar heen.

Plotseling werd de stilte doorbroken door het geluid van voetstappen op het grindpad. Elise keek op en zag een jonge man naderen, zijn gestalte vaag afgetekend tegen de achtergrond van de donkere nacht.

"Goedenavond, mevrouw," zei de jonge man, zijn stem zacht en vriendelijk. "Ik ben verdwaald en op zoek naar onderdak voor de nacht. Zou ik hier mogen blijven?"

Elise keek de jonge man aan, haar ogen peilend in het zwakke maanlicht. Er lag iets vertrouwds in zijn blik, iets dat haar deed denken aan lang vervlogen tijden.

"Kom binnen," antwoordde ze ten slotte, haar stem zacht als een fluistering in de wind. "Je bent welkom in mijn huis."

De jonge man glimlachte dankbaar en volgde Elise naar binnen, waar ze hem een warme maaltijd serveerde en een bed aanbood voor de nacht. Terwijl hij zich te ruste legde, viel Elise in een diepe meditatie, haar gedachten dwalend door de gangen van het verleden.

Ze dacht terug aan haar jeugd, aan de dagen van onschuld en verwondering die ze had doorgebracht aan de oever van de rivier. Ze dacht aan de liefde die ze had gekend en de dromen die ze had gehad, en aan de pijn van het verlies die haar hart nog steeds vervulde.

En terwijl de nacht vorderde en de sterren aan de hemel langzaam vervaagden, voelde Elise een vreemde rust over zich heen komen. Het was alsof ze eindelijk vrede vond met de demonen uit haar verleden, alsof de stilte van de avond haar de troost bood die ze zo lang had gezocht.

Toen de ochtend aanbrak, werd Elise gewekt door het geluid van vogels die zongen in de bomen. Ze stond op en keek uit het raam, haar hart vervuld van een diepe dankbaarheid voor de nieuwe dag die aanbrak.

De jonge man was verdwenen, zijn sporen uitgewist door de tijd. Maar in zijn plaats liet hij iets achter - een gevoel van vrede en sereniteit dat Elise niet meer zou verlaten.

En terwijl ze naar buiten stapte en de warme ochtendzon haar gezicht streelde, wist Elise dat ze eindelijk thuis was gekomen, niet alleen in haar huis aan de rand van de rivier, maar ook in haar hart. Want soms is het in de stilte van de avond dat we de antwoorden vinden die we zoeken, en de vrede die we verdienen.

The Silence of the Evening

In a remote village on the edge of the river lived a woman named Elise. She led a simple life, her days filled with tending to her vegetable garden and listening to the gentle sounds of nature.

Elise was a woman of few words, her thoughts often lost in the silence of the evening. Her cottage, surrounded by wildflowers and green fields, was a sanctuary of peace and serenity in a world that seemed to grow louder by the day.

On a cool autumn evening, Elise sat outside on her porch, her gaze fixed on the sparkling stars in the sky. A gentle breeze played with her gray hair as she pondered life and the world around her.

Suddenly, the silence was broken by the sound of footsteps on the gravel path. Elise looked up and saw a young man approaching, his figure vaguely outlined against the backdrop of the dark night.

"Good evening, madam," said the young man, his voice soft and friendly. "I am lost and in search of shelter for the night. Might I stay here?"

Elise looked at the young man, her eyes piercing in the faint moonlight. There was something familiar in his gaze, something that reminded her of long-forgotten times.

"Come inside," she replied at last, her voice as soft as a whisper in the wind. "You are welcome in my home."

The young man smiled gratefully and followed Elise inside, where she served him a warm meal and offered a bed for the night. As he settled in to rest, Elise fell into a deep meditation, her thoughts wandering through the corridors of the past.

She thought back to her youth, to the days of innocence and wonder she had spent by the riverbank. She thought of the love she had known and the dreams she had harbored, and of the pain of loss that still filled her heart.

And as the night wore on and the stars in the sky slowly faded, Elise felt a strange calmness wash over her. It was as if she had finally found peace with the demons of her past, as if the silence of the evening offered her the solace she had long sought.

When morning broke, Elise was awakened by the sound of birds singing in the trees. She rose and looked out the window, her heart filled with a deep gratitude for the new day dawning.

The young man was gone, his traces erased by time. But in his place, he left something behind - a sense of peace and serenity that would never leave Elise.

And as she stepped outside and felt the warm morning sun caress her face, Elise knew that she had finally come home, not just in her cottage on the edge of the river, but also in her heart. For sometimes, it is in the silence of the evening that we find the answers we seek, and the peace we deserve.

De Moderedacteur

In het bruisende hart van Amsterdam, waar de grachten glinsterden als strepen van goud in het zachte zonlicht, woonde een vrouw die bekend stond als de 'Modemuze' van de stad. Haar naam was Lara van der Laan, een charmante en elegante vrouw met een passie voor mode die grenzen overschreed en harten veroverde.

Lara had haar eigen modestudio aan de rand van de Jordaan, waar ze elke dag werd omringd door stoffen van zijde, fluweel en kant. Haar werk was haar leven, haar creaties een uitdrukking van haar innerlijke schoonheid en verbeelding. Maar achter haar glanzende façade school een geheim dat ze met niemand deelde, een verlangen dat diep in haar hart brandde als een verborgen vlam.

Op een zonnige ochtend, terwijl de stad ontwaakte onder de warme omhelzing van de lente, ontving Lara een uitnodiging voor het jaarlijkse Modegala van Amsterdam. Het was een evenement dat de crème de la crème van de modewereld bijeenbracht, een gelegenheid waarop de meest opvallende ontwerpen werden tentoongesteld en de grootste namen werden gevierd.

Met een opgewonden sprankeling in haar ogen begon Lara meteen te brainstormen over haar outfit voor de avond. Ze bladerde door stapels tijdschriften en schetsboeken, op zoek naar inspiratie voor haar creatie. Urenlang zat ze gebogen over haar ontwerptafel, haar handen vliegensvlug over het papier terwijl ze haar visie tot leven bracht.

Toen de avond van het gala eindelijk aanbrak, stond Lara voor haar spiegel en bewonderde haar outfit. Ze droeg een prachtige jurk van zijde en kant, versierd met sprankelende kralen die glinsterden als sterren aan de nachtelijke hemel. Haar haar was opgestoken in een ingewikkelde knot, haar lippen rood als rijpe kersen.

Met een tevreden glimlach stapte Lara in haar auto en reed naar de locatie van het gala, haar hart bonzend van opwinding. Toen ze aankwam, werd ze begroet door een zee van flitsende camera's en bewonderende blikken. Ze glimlachte bescheiden en liep met opgeheven hoofd naar binnen, klaar om de wereld te veroveren met haar charme en gratie.

Het gala was een bruisende mengelmoes van kleuren en geluiden, een waar feest voor de zintuigen. Lara mengde zich tussen de menigte, haar ogen twinkelden van plezier terwijl ze de prachtige creaties bewonderde die om haar heen waren tentoongesteld. Ze danste op de melodieën van de live muziek, haar lichaam bewegend als een zachte bries door de zaal. Maar te midden van al het feestgedruis voelde Lara een steek van eenzaamheid die haar hart deed krimpen. Ondanks de bewondering en lof die ze ontving, voelde ze zich leeg van binnen, haar geest verstrikt in een doolhof van twijfel en angst.

Terwijl ze langs de tafels liep, werd haar aandacht getrokken door een mysterieuze figuur die in de schaduwen van de zaal stond. Hij was groot en imposant, zijn donkere ogen glinsterden in het zwakke licht. Lara voelde een vreemde aantrekkingskracht tot hem, alsof hij een deel van haar was dat ze was vergeten.

Langzaam liep ze naar hem toe, haar hart bonzend in haar keel. "Wie ben je?" vroeg ze, haar stem zacht maar vastberaden.

De man glimlachte, zijn lippen krullend in een geheimzinnige glimlach. "Ik ben niemand bijzonders," antwoordde hij, zijn stem fluweelzacht in de stille ruimte.

Maar Lara wist beter. Er was iets aan deze man dat haar intrigeerde, iets dat haar deed denken aan een verloren stukje van zichzelf. Ze keek hem diep in de ogen en zag de waarheid weerspiegeld in zijn blik.

"Ik denk dat je meer bent dan je laat zien," zei ze, haar stem gevuld met een mengeling van nieuwsgierigheid en verlangen.

De man knikte langzaam, alsof hij haar woorden overwoog. "Misschien heb je gelijk," zei hij ten slotte, zijn stem een fluistering in de nacht.

En zo stonden ze daar, twee vreemden in de schaduwen van het gala, verbonden door een onzichtbare draad die hen naar elkaar toe trok. Ze wisten niet wat de toekomst zou brengen, maar op dat moment maakte het niet uit. Want ze hadden elkaar gevonden, en dat was alles wat telde.

19

The Fashion Editor

In the bustling heart of Amsterdam, where the canals sparkled like streaks of gold in the soft sunlight, lived a woman known as the 'Fashion Muse' of the city. Her name was Lara van der Laan, a charming and elegant woman with a passion for fashion that transcended boundaries and captured hearts.

Lara had her own fashion studio on the edge of the Jordaan, where she was surrounded every day by fabrics of silk, velvet, and lace. Her work was her life, her creations an expression of her inner beauty and imagination. But behind her shiny facade hid a secret she shared with no one, a desire burning deep in her heart like a hidden flame.

One sunny morning, as the city awoke under the warm embrace of spring, Lara received an invitation to the annual Amsterdam Fashion Gala. It was an event that brought together the crème de la crème of the fashion world, an occasion where the most striking designs were showcased and the biggest names were celebrated.

With an excited sparkle in her eyes, Lara immediately began brainstorming about her outfit for the evening. She flipped through stacks of magazines and sketchbooks, seeking inspiration for her creation. For hours, she sat hunched over her design table, her hands flying over the paper as she brought her vision to life.

When the evening of the gala finally arrived, Lara stood in front of her mirror and admired her outfit. She wore a beautiful dress of silk and lace, adorned with sparkling beads that shimmered like stars in the night sky. Her hair was styled in an intricate bun, her lips red as ripe cherries.

With a satisfied smile, Lara got into her car and drove to the gala venue, her heart pounding with excitement. When she arrived, she was greeted by a sea of flashing cameras and admiring glances. She smiled modestly and walked in with her head held high, ready to conquer the world with her charm and grace.

The gala was a bustling mix of colors and sounds, a true feast for the senses. Lara mingled among the crowd, her eyes twinkling with delight as she admired the beautiful creations displayed around her. She danced to the melodies of the live music, her body moving like a gentle breeze through the hall.

But amidst all the revelry, Lara felt a pang of loneliness that made her heart shrink. Despite the admiration and praise she received, she felt empty inside, her mind entangled in a maze of doubt and fear.

As she walked past the tables, her attention was drawn to a mysterious figure standing in the shadows of the hall. He was tall and imposing, his dark eyes sparkling in the dim light. Lara felt a strange attraction to him, as if he were a part of her that she had forgotten.

Slowly, she approached him, her heart pounding in her throat. "Who are you?" she asked, her voice soft but determined.

The man smiled, his lips curling into a mysterious smile. "I'm nobody special," he replied, his voice velvet soft in the quiet space.

But Lara knew better. There was something about this man that intrigued her, something that reminded her of a lost piece of herself. She looked deep into his eyes and saw the truth reflected in his gaze.

"I think you're more than you let on," she said, her voice filled with a mixture of curiosity and longing.

The man nodded slowly, as if considering her words. "Perhaps you're right," he said finally, his voice a whisper in the night.

And so they stood there, two strangers in the shadows of the gala, connected by an invisible thread that drew them closer to each other. They didn't know what the future would bring, but in that moment, it didn't matter. Because they had found each other, and that was all that mattered.

De Geheime Tuin van Mevrouw de Wit

Mevrouw de Wit woonde in een oud huis aan de rand van het dorp, waar de tijd leek stil te staan en de geheimen van het verleden nog altijd in de lucht hingen. Haar tuin, omringd door hoge heggen en kronkelende paden, was een oase van rust en mysterie.

Niemand wist precies wie Mevrouw de Wit was of waar ze vandaan kwam. Ze was een stille vrouw, met een vriendelijke glimlach en ogen die diep in de ziel leken te kijken. Haar tuin was haar trots en vreugde, een toevluchtsoord voor degenen die de rust en schoonheid van de natuur zochten.

Op een warme zomerdag klopte een jonge vrouw genaamd Anna aan op de deur van Mevrouw de Wit. Ze was nieuw in het dorp en had gehoord van de magische tuin die achter het oude huis lag. Met een nieuwsgierig hart en een verlangen naar avontuur, vroeg ze Mevrouw de Wit of ze de tuin mocht verkennen.

Mevrouw de Wit glimlachte vriendelijk en leidde Anna door het huis naar de achtertuin. Zodra Anna de tuin binnenstapte, voelde ze een golf van rust over zich heen spoelen. De bloemen bloeiden in alle kleuren van de regenboog en de bomen ritselden zachtjes in de wind.

Terwijl Anna door de tuin wandelde, ontdekte ze steeds meer verborgen hoekjes en geheime plekjes. Er waren kronkelende paadjes die leidden naar afgelegen bankjes onder de oude bomen, en weelderige bloembedden waar vlinders en bijen dartelden in de zon.

Maar het meest verbazingwekkende van alles was een glazen kas aan het einde van de tuin, gevuld met exotische planten en kleurrijke bloemen die Anna nog nooit had gezien. Het was alsof ze een betoverde wereld was binnengestapt, waar de grens tussen droom en werkelijkheid vervaagde.

Terwijl Anna de kas verkende, werd ze gegrepen door een gevoel van verwondering en ontzag. Ze voelde zich één met de natuur, verbonden met de schoonheid en het leven om haar heen op een manier die ze nog nooit had ervaren.

Toen de avond viel en de sterren aan de hemel begonnen te fonkelen, nam Anna afscheid van Mevrouw de Wit en haar betoverende tuin. Terwijl ze naar huis liep, voelde ze zich vervuld van vrede en dankbaarheid voor de magische ervaring die ze had gehad.

En hoewel ze misschien nooit het geheim van Mevrouw de Wit en haar tuin zou ontrafelen, wist Anna dat ze voor altijd een speciale plek in haar hart zou hebben. Want sommige geheimen zijn bedoeld om bewaard te worden, om te koesteren en te delen met degenen die de schoonheid van de wereld om hen heen waarderen.

Mrs. De Wit's Secret Garden

Mrs. De Wit lived in an old house on the edge of the village, where time seemed to stand still and the secrets of the past still lingered in the air. Her garden, surrounded by tall hedges and winding paths, was an oasis of peace and mystery.

No one knew exactly who Mrs. De Wit was or where she came from. She was a quiet woman, with a friendly smile and eyes that seemed to gaze deep into the soul. Her garden was her pride and joy, a sanctuary for those seeking the tranquility and beauty of nature.

On a warm summer day, a young woman named Anna knocked on Mrs. De Wit's door. She was new to the village and had heard of the magical garden behind the old house. With a curious heart and a desire for adventure, she asked Mrs. De Wit if she could explore the garden.

Mrs. De Wit smiled kindly and led Anna through the house to the backyard. As soon as Anna stepped into the garden, she felt a wave of peace wash over her. The flowers bloomed in all the colors of the rainbow, and the trees rustled gently in the wind.

As Anna wandered through the garden, she discovered more and more hidden nooks and secret spots. There were winding paths that led to secluded benches under the old trees, and lush flower beds where butterflies and bees danced in the sun.

But most amazing of all was a glass greenhouse at the end of the garden, filled with exotic plants and colorful flowers that Anna had never seen before. It was as if she had stepped into an enchanted world, where the boundary between dream and reality blurred.

As Anna explored the greenhouse, she was seized by a feeling of wonder and awe. She felt at one with nature, connected to the beauty and life around her in a way she had never experienced before.

When evening fell and the stars began to sparkle in the sky, Anna said goodbye to Mrs. De Wit and her enchanting garden. As she walked home, she felt filled with peace and gratitude for the magical experience she had had.

And though she might never unravel the secret of Mrs. De Wit and her garden, Anna knew that it would always hold a special place in her heart. For some secrets are meant to be kept, to be cherished and shared with those who appreciate the beauty of the world around them.

De Drie Zussen

Op een rustige ochtend in een slaperig stadje aan de kust woonde een familie van drie zussen, die elkaar door dik en dun steunden. De oudste heette Anna, een wijze en bedachtzame vrouw met een hart van goud. Haar middelste zus, Elise, was levendig en avontuurlijk, altijd klaar voor een nieuw avontuur. En tot slot was er Emma, de jongste van de drie, een dromerige ziel met een passie voor kunst en muziek.

Hoewel ze allemaal verschillend waren, waren ze onafscheidelijk. Samen woonden ze in een klein huisje aan de rand van de duinen, waar ze hun dagen vulden met liefde, lachen en vriendschap. Maar zoals dat vaak gaat in het leven, bracht de tijd verandering met zich mee, en de drie zussen zouden spoedig voor een moeilijke keuze komen te staan.

Op een warme zomerdag, toen de lucht blauw was als de oceaan en de meeuwen krijsend door de lucht vlogen, ontvingen de zussen een brief van hun tante uit de grote stad. Ze nodigde hen uit om haar te bezoeken en beloofde hen een kans op een nieuw begin, een leven vol mogelijkheden en avonturen.

De drie zussen keken elkaar aan, hun ogen glinsterend van opwinding. Het idee om de vertrouwde omgeving van hun thuis achter te laten en een nieuw hoofdstuk in hun leven te beginnen, was zowel opwindend als angstaanjagend. Maar met de steun van elkaar wisten ze dat ze alles aankonden.

Ze pakten hun koffers en vertrokken naar de stad, waar de straten zo druk waren als de golven van de zee. Hun tante verwelkomde hen met open armen en leidde hen naar een prachtig herenhuis in het hart van de stad, waar ze zouden gaan wonen.

De zussen waren overweldigd door de pracht en praal van hun nieuwe huis. De kamers waren gevuld met antiek meubilair en kunstwerken van over de hele wereld. Ze keken uit op een prachtige tuin, waar kleurrijke bloemen bloeiden en vogels zongen in de bomen.

Maar te midden van al deze pracht voelden de zussen zich verloren. De stad was zo anders dan wat ze gewend waren, zo vreemd en onbekend. Ze misten de rust en de eenvoud van hun thuis aan de kust, waar de zee hun enige metgezel was en de sterren hun enige gidsen waren in de nacht.

Toch probeerden ze zich aan te passen aan hun nieuwe leven. Anna vond werk als bibliothecaresse in de plaatselijke bibliotheek, waar ze zich omringde met boeken en kennis. Cora werd lid van een theatergezelschap en ontdekte haar passie voor acteren en zingen. En Emma vond een baan als kunstlerares aan een kleine school, waar ze haar liefde voor creativiteit kon delen met haar leerlingen.

Maar ondanks hun succes in hun nieuwe omgeving, voelden de zussen zich nooit helemaal thuis. Er was altijd een verlangen naar de rust en de eenvoud van hun thuis aan de kust, waar ze vrij waren om te zijn wie ze waren zonder oordeel of verwachtingen.

Op een dag, terwijl ze samen in hun tuin zaten te genieten van de zonsondergang, besloten de zussen dat het tijd was om terug te keren naar hun roots. Ze misten de zee en de wind in hun haren, de geur van zout en zeewier die hen omhulde als een warme deken.

Dus pakten ze hun koffers en vertrokken ze terug naar het stadje aan de kust, waar de golven op hen wachtten als oude vrienden. Daar vonden ze rust en vrede, in de eenvoud van hun thuis en de liefde van elkaar. En hoewel ze de stad en al haar prachtige mogelijkheden misschien hadden achtergelaten, wisten ze dat ze alles hadden wat ze nodig hadden in de warme omhelzing van hun familie en hun thuis aan de kust.

The Three Sisters

On a quiet morning in a sleepy coastal town lived a family of three sisters who supported each other through thick and thin. The eldest was named Anna, a wise and thoughtful woman with a heart of gold. Her middle sister, Cora, was lively and adventurous, always ready for a new adventure. And finally, there was Emma, the youngest of the three, a dreamy soul with a passion for art and music.

Although they were all different, they were inseparable. Together they lived in a small cottage on the edge of the dunes, where they filled their days with love, laughter, and friendship. But as often happens in life, time brought change, and the three sisters would soon face a difficult choice.

On a warm summer day, when the sky was blue as the ocean and the seagulls soared through the air, the sisters received a letter from their aunt in the big city. She invited them to visit her and promised them a chance for a new beginning, a life full of possibilities and adventures.

The three sisters looked at each other, their eyes sparkling with excitement. The idea of leaving the familiar surroundings of their home behind and starting a new chapter in their lives was both exciting and terrifying. But with each other's support, they knew they could handle anything.

They packed their bags and set off for the city, where the streets were as busy as the waves of the sea. Their aunt welcomed them with open arms and led them to a beautiful mansion in the heart of the city, where they would live.

The sisters were overwhelmed by the splendor of their new home. The rooms were filled with antique furniture and artworks from around the world. They overlooked a beautiful garden, where colorful flowers bloomed and birds sang in the trees.

But amidst all this splendor, the sisters felt lost. The city was so different from what they were used to, so strange and unfamiliar. They missed the peace and simplicity of their home by the coast, where the sea was their only companion and the stars were their only guides in the night.

Yet they tried to adapt to their new life. Anna found work as a librarian at the local library, where she surrounded herself with books and knowledge. Cora joined a theater company and discovered her passion for acting and singing. And Emma found a job as an art teacher at a small school, where she could share her love for creativity with her students.

But despite their success in their new environment, the sisters never felt quite at home. There was always a longing for the peace and simplicity of their home by the coast, where they were free to be who they were without judgment or expectations.

One day, as they sat together in their garden enjoying the sunset, the sisters decided it was time to return to their roots. They missed the sea and the wind in their hair, the smell of salt and seaweed that enveloped them like a warm blanket.

So they packed their bags and returned to the coastal town, where the waves awaited them like old friends. There they found peace and contentment, in the simplicity of their home and the love of each other. And although they may have left the city and all its wonderful opportunities behind, they knew they had everything they needed in the warm embrace of their family and their home by the coast.

De Geheimen van de Oude Boekhandel

In het hart van een slaperig stadje genaamd Kleinburg stond een oude boekhandel genaamd "De Verloren Pagina". Het was een rustige plek, waar de geur van oud papier vermengd werd met de belofte van verhalen die wachtten om ontdekt te worden.

De eigenaar van de boekhandel was een vriendelijke man genaamd Hendrik. Hij was een rustige en bedachtzame persoon, met een passie voor boeken die grenzeloos leek. Elke dag opende hij zijn winkel voor de lokale bevolking en toeristen, en verwelkomde hen met een warme glimlach en een schat aan verhalen.

Op een zonnige ochtend wandelde een jonge vrouw genaamd Emma de boekhandel binnen. Ze was nieuw in de stad en op zoek naar avontuur, haar nieuwsgierigheid aangewakkerd door de mysterieuze uitstraling van de oude winkel.

Hendrik begroette haar hartelijk en vroeg of hij haar kon helpen. Emma glimlachte en vertelde hem dat ze op zoek was naar een bijzonder boek, een boek dat haar zou meenemen op een magische reis door de tijd.

Hendrik knikte begrijpend en leidde haar naar een stoffige hoek van de winkel, waar een verzameling antieke boeken stond uitgestald. "Misschien vind je hier wat je zoekt," zei hij met een twinkeling in zijn ogen.

Emma keek vol verwondering naar de oude boeken, elk exemplaar leek een verhaal te vertellen dat wachtte om ontdekt te worden. Ze begon door de stapel te bladeren, haar vingers glijdend over de verweerde pagina's terwijl ze op zoek was naar het perfecte boek.

En toen, plotseling, viel haar oog op een titel die haar hart sneller deed kloppen. Het was een boek met de titel "De Tijdreiziger", geschreven door een mysterieuze auteur genaamd A. S. Smith. Het omslag was versleten en verkleurd, maar er lag een magische glans over de woorden die haar uitnodigden om binnen te treden in een wereld van avontuur en mysterie.

Met een opgewonden glimlach pakte Emma het boek op en keek naar Hendrik. "Dit is het," zei ze met een glinstering in haar ogen. "Dit is precies wat ik zocht."

Hendrik knikte goedkeurend en glimlachte. "Een uitstekende keuze," zei hij. "Dit boek heeft al vele lezers betoverd met zijn onweerstaanbare charme en intrigerende verhaal."

Emma betaalde voor het boek en nam afscheid van Hendrik, haar hart vervuld van opwinding en verwachting. Terwijl ze de boekhandel verliet en de straten van Kleinburg verkende, voelde ze de magie van haar nieuwe ontdekking om haar heen, haar geest gevuld met de belofte van avonturen die wachtten om beleefd te worden.

Die avond, terwijl Emma thuis op de bank zat met een kopje thee en het boek op haar schoot, begon ze te lezen. En al snel werd ze meegevoerd op een reis door de tijd, haar verbeelding gevuld met beelden van verre landen en vervlogen tijden.

Maar naarmate de avond vorderde, merkte Emma iets vreemds op. Telkens wanneer ze een bladzijde omsloeg, leek het alsof de woorden op de pagina begonnen te dansen en te bewegen, alsof ze een leven van hun eigen begonnen te leiden.

Verbaasd keek Emma naar het boek in haar handen, haar hart bonzend van opwinding. Wat voor soort magie was dit? Wat voor geheimen hield het boek verborgen?

En terwijl de nacht vorderde en de sterren aan de hemel begonnen te fonkelen, werd ze meegevoerd op een reis door de tijd, haar geest gevuld met avonturen die verder gingen dan haar wildste dromen.

The Secrets of the Old Bookstore

In the heart of a sleepy town called Kleinburg stood an old bookstore named "The Lost Page". It was a quiet place, where the smell of old paper mingled with the promise of stories waiting to be discovered.

The owner of the bookstore was a friendly man named Hendrik. He was a quiet and thoughtful person, with a passion for books that seemed boundless. Every day, he opened his shop to the locals and tourists, welcoming them with a warm smile and a treasure trove of stories.

One sunny morning, a young woman named Emma walked into the bookstore. She was new in town and eager for adventure, her curiosity piqued by the mysterious aura of the old shop.

Hendrik greeted her warmly and asked if he could help her. Emma smiled and told him she was looking for a special book, a book that would take her on a magical journey through time.

Understandingly, Hendrik led her to a dusty corner of the store, where a collection of antique books was displayed. "Perhaps you'll find what you're looking for here," he said, with a twinkle in his eye.

Emma looked with wonder at the old books, each one seeming to tell a story waiting to be discovered. She began to browse through the stack, her fingers sliding over the weathered pages as she searched for the perfect book.

And then, suddenly, her eyes fell upon a title that made her heart beat faster. It was a book titled "The Time Traveler", written by a mysterious author named A. S. Smith. The cover was worn and faded, but there was a magical glow to the words that invited her to enter a world of adventure and mystery.

With an excited smile, Emma picked up the book and looked at Hendrik. "This is it," she said, with a sparkle in her eyes. "This is exactly what I've been looking for."

Hendrik nodded approvingly and smiled. "An excellent choice," he said. "This book has enchanted many readers with its irresistible charm and intriguing story."

Emma paid for the book and said goodbye to Hendrik, her heart filled with excitement and anticipation. As she left the bookstore and explored the streets of Kleinburg, she felt the magic of her new discovery surrounding her, her mind filled with the promise of adventures waiting to be experienced.

That evening, as Emma sat on the couch at home with a cup of tea and the book on her lap, she began to read. And soon, she was swept away on a journey through time, her imagination filled with images of distant lands and bygone eras.

But as the evening progressed, Emma noticed something strange. Every time she turned a page, it seemed as if the words on the page began to dance and move, as if they were coming to life on their own.

Amazed, Emma looked at the book in her hands, her heart pounding with excitement. What kind of magic was this? What secrets did the book hold?

And as the night wore on and the stars began to sparkle in the sky, she was swept away on a journey through time, her mind filled with adventures that went beyond her wildest dreams.

Het Alternatief Plan

Het was een snikhete zomerdag in de straten van Amsterdam, waar de zon genadeloos scheen en de hitte op de stoep trilde als een opgejaagd dier. In een klein café aan de gracht zat een man alleen aan een tafeltje, zijn gedachten verloren in een wervelwind van onzekerheid en twijfel. Hij staarde naar het vel papier voor hem, de woorden die hij had geschreven als een zwart gat dat zijn ziel opslorpte.

Zijn naam was Pieter, een ambitieuze architect die ooit had gedroomd van het ontwerpen van de meest iconische gebouwen van de stad. Maar ergens onderweg was hij verdwaald, zijn dromen verbleekt tot vage herinneringen aan wat ooit had kunnen zijn.

Hij zuchtte diep en streek met zijn hand door zijn verwarde haar. Het was tijd om een beslissing te nemen, een keuze die zijn toekomst zou bepalen. Maar hij wist niet welke weg hij moest inslaan, welk pad hem naar zijn bestemming zou leiden.

Plotseling werd zijn gedachten onderbroken door het geluid van een stoel die werd verschoven aan het tafeltje naast hem. Hij keek op en zag een vrouw naar hem glimlachen, haar ogen twinkelden als sterren in de nacht.

"Mag ik erbij komen zitten?" vroeg ze, haar stem zacht maar vastberaden.

Pieter knikte instemmend en schoof een stoel voor haar naar achteren. "Natuurlijk, ga je gang."

De vrouw ging zitten en stak haar hand uit. "Ik ben Lisa," zei ze, haar glimlach verwarmend als de ochtendzon.

Pieter schudde haar hand en glimlachte zwakjes. "Pieter," antwoordde hij, zijn stem schor van de emoties die door hem heen gierden.

Ze keek naar het vel papier voor hem en fronste lichtjes. "Waar ben je mee bezig?" vroeg ze nieuwsgierig.

Pieter zuchtte en leunde achterover in zijn stoel. "Ik probeer een beslissing te nemen over mijn carrière," zei hij, zijn stem een fluistering in de drukte van het café.

Lisa knikte begrijpend en boog zich iets naar voren. "En wat is je plan?"

Pieter haalde diep adem en keek haar recht in de ogen. "Ik weet het niet," zei hij eerlijk. "Ik voel me verloren, alsof ik vastzit in een doolhof zonder uitweg."

Lisa glimlachte bemoedigend en legde haar hand op de zijne. "Misschien heb je gewoon een alternatief plan nodig," stelde ze voor, haar stem kalm en geruststellend.

Pieter keek haar verbaasd aan. "Een alternatief plan?"

Lisa knikte. "Ja, iets anders dan wat je oorspronkelijk had bedacht. Soms leidt het leven ons op onverwachte paden, en het is aan ons om ons aan te passen aan de veranderingen die zich voordoen."

Pieter dacht even na over haar woorden. Misschien had ze gelijk. Misschien was het tijd om zijn dromen bij te stellen, om een nieuwe richting in te slaan die hem zou leiden naar waar hij echt thuishoorde.

Hij pakte een pen en begon te schrijven, zijn gedachten vloeiend op het papier als de golven van de zee. Hij schreef over zijn passie voor architectuur, maar ook over zijn liefde voor reizen en avontuur. Hij schreef over zijn verlangen om de wereld te zien, om nieuwe culturen te ontdekken en nieuwe mensen te ontmoeten.

Toen hij klaar was, keek hij naar het vel papier voor hem en glimlachte. Het was misschien niet het plan dat hij aanvankelijk voor ogen had gehad, maar het voelde goed. Het voelde als de juiste keuze, alsof hij eindelijk de weg had gevonden die hem zou leiden naar waar hij thuishoorde.

Hij keek op naar Lisa, die naar hem glimlachte met een blik van trots in haar ogen. "Bedankt," zei hij, zijn stem vervuld van dankbaarheid.

Lisa glimlachte terug en stond op van haar stoel. "Het was een genoegen je te ontmoeten, Pieter," zei ze, haar stem warm en oprecht. "Ik weet zeker dat je het juiste pad zult vinden, wat dat ook mag zijn."

En met die woorden verliet ze het café, haar silhouet vervagend in het felle zonlicht dat door de ramen naar binnen scheen. Pieter keek haar na, een gevoel van hoop en vastberadenheid borrelend in zijn borst. Hij wist niet wat de toekomst zou brengen, maar met zijn alternatieve plan in zijn handen voelde hij zich sterker dan ooit tevoren. En hij wist dat wat er ook zou gebeuren, hij klaar was om de uitdagingen van het leven aan te gaan met een open geest en een vastberaden hart.

The Alternative Plan

It was a scorching hot summer day in the streets of Amsterdam, where the sun shone mercilessly and the heat shimmered on the pavement like a hunted animal. In a small café by the canal, a man sat alone at a table, his thoughts lost in a whirlwind of uncertainty and doubt. He stared at the sheet of paper in front of him, the words he had written absorbing his soul like a black hole.

His name was Pieter, an ambitious architect who had once dreamed of designing the most iconic buildings in the city. But somewhere along the way, he had lost his way, his dreams fading into vague memories of what could have been.

He sighed deeply and ran his hand through his tousled hair. It was time to make a decision, a choice that would determine his future. But he didn't know which path to take, which road would lead him to his destination.

Suddenly, his thoughts were interrupted by the sound of a chair being moved at the table next to him. He looked up and saw a woman smiling at him, her eyes twinkling like stars in the night.

"May I join you?" she asked, her voice soft but determined.

Pieter nodded in agreement and pulled out a chair for her. "Of course, go ahead."

The woman sat down and extended her hand. "I'm Lisa," she said, her smile warming like the morning sun.

Pieter shook her hand and smiled weakly. "Pieter," he replied, his voice hoarse from the emotions swirling inside him.

She glanced at the sheet of paper in front of him and frowned slightly. "What are you working on?" she asked curiously.

Pieter sighed and leaned back in his chair. "I'm trying to make a decision about my career," he said, his voice a whisper in the bustle of the café.

Lisa nodded understandingly and leaned forward slightly. "And what's your plan?"

Pieter took a deep breath and looked her straight in the eyes. "I don't know," he said honestly. "I feel lost, like I'm trapped in a maze with no way out."

Lisa smiled encouragingly and placed her hand on his. "Maybe you just need an alternative plan," she suggested, her voice calm and reassuring.

Pieter looked at her surprised. "An alternative plan?"

Lisa nodded. "Yes, something different from what you originally envisioned. Sometimes life leads us down unexpected paths, and it's up to us to adapt to the changes that come our way."

Pieter pondered her words for a moment. Perhaps she was right. Maybe it was time to adjust his dreams, to take a new direction that would lead him to where he truly belonged.

He picked up a pen and began to write, his thoughts flowing onto the paper like the waves of the sea. He wrote about his passion for architecture, but also about his love for travel and adventure. He wrote about his desire to see the world, to discover new cultures and meet new people.

When he was done, he looked at the sheet of paper in front of him and smiled. It may not have been the plan he had originally envisioned, but it felt right. It felt like the right choice, as if he had finally found the path that would lead him to where he belonged.

He looked up at Lisa, who smiled at him with a look of pride in her eyes. "Thank you," he said, his voice filled with gratitude.

Lisa smiled back and stood up from her chair. "It was a pleasure to meet you, Pieter," she said, her voice warm and sincere. "I'm sure you'll find the right path, whatever it may be."

And with those words, she left the café, her silhouette fading in the bright sunlight streaming through the windows. Pieter watched her go, a feeling of hope and determination bubbling in his chest. He didn't know what the future would bring, but with his alternative plan in his hands, he felt stronger than ever before. And he knew that whatever happened, he was ready to face the challenges of life with an open mind and a determined heart.

41

De Laatste Missie

Het was een koude decemberavond toen kapitein Jasper Vos en zijn team van elitecommando's werden opgeroepen voor hun laatste missie. De opdracht was simpel: infiltreren in een vijandelijk bolwerk diep in de besneeuwde bergen van Oost-Europa en een hooggeplaatste terrorist uitschakelen die dreigde met een allesvernietigende aanval.

Jasper Vos, een doorgewinterde veteraan met een stalen wil en een scherp verstand, leidde zijn team door de donkere bossen en over de ijzige toppen, zijn ogen alert voor elk teken van gevaar. Achter hem volgden zijn mannen, stuk voor stuk ervaren soldaten met een indrukwekkende staat van dienst.

Maar terwijl ze dieper doordrongen in vijandelijk gebied, werd het duidelijk dat deze missie anders was dan alle voorgaande. De vijand was vastberaden en meedogenloos, hun verdediging zo sterk als een fort van graniet. Jasper wist dat ze een gevecht op leven en dood tegemoet gingen, maar hij was vastbesloten om zijn missie te volbrengen, koste wat het kost.

Eenmaal aangekomen bij het vijandelijk bolwerk, begonnen Jasper en zijn team aan hun aanval. Ze vochten als leeuwen, hun geweren knallend in het donker terwijl ze zich een weg baanden door de vijandelijke linies. Maar ondanks hun moed en vastberadenheid leden ze zware verliezen, hun kameraden vallend naast hen als stille getuigen van de verschrikkingen van oorlog.

Urenlang duurde het gevecht, de mannen van Jasper vechtend als eenheid te midden van chaos en vernietiging. Maar uiteindelijk, toen de rook was opgetrokken en de kogels waren verstomd, slaagden ze erin om de vijand te overwinnen en de terrorist uit te schakelen die een bedreiging vormde voor de wereldvrede.

Uitgeput en gewond, maar triomfantelijk, verzamelde Jasper zijn overlevende mannen en begon aan de lange tocht terug naar de veiligheid van hun thuisbasis. Ze waren moe en uitgeput, maar hun geest was ongebroken, hun vastberadenheid onwankelbaar.

En hoewel ze wisten dat ze nooit meer dezelfde zouden zijn na deze laatste missie, wisten ze ook dat ze hun plicht hadden gedaan, dat ze hadden gevochten voor alles waar ze in geloofden. En terwijl ze door de besneeuwde bergen marcheerden, de sterren aan de hemel als stille getuigen van hun moed, wisten ze dat ze altijd trots konden zijn op wat ze hadden bereikt. Ze waren helden, tot het einde.

The Last Mission

It was a cold December evening when Captain Jasper Vos and his team of elite commandos were called upon for their last mission. The task was simple: infiltrate an enemy stronghold deep in the snow-covered mountains of Eastern Europe and eliminate a high-ranking terrorist who threatened a devastating attack.

Jasper Vos, a seasoned veteran with a steel will and a sharp mind, led his team through the dark forests and over the icy peaks, his eyes alert for any sign of danger. Behind him followed his men, each one experienced soldiers with an impressive record.

But as they penetrated deeper into enemy territory, it became clear that this mission was unlike any before. The enemy was determined and ruthless, their defense as strong as a fortress of granite. Jasper knew they were facing a fight to the death, but he was determined to complete his mission, no matter the cost.

Once they arrived at the enemy stronghold, Jasper and his team began their attack. They fought like lions, their guns roaring in the darkness as they made their way through the enemy lines. But despite their courage and determination, they suffered heavy losses, their comrades falling beside them as silent witnesses to the horrors of war.

For hours, the battle raged on, Jasper's men fighting as a unit amidst chaos and destruction. But ultimately, when the smoke cleared and the bullets ceased, they managed to overcome the enemy and eliminate the terrorist who posed a threat to world peace.

Exhausted and wounded, but triumphant, Jasper gathered his surviving men and began the long journey back to the safety of their home base. They were tired and weary, but their spirits were unbroken, their determination unwavering.

And while they knew they would never be the same after this final mission, they also knew they had done their duty, that they had fought for everything they believed in. And as they marched through the snow-covered mountains, the stars in the sky as silent witnesses to their courage, they knew they could always be proud of what they had achieved. They were heroes, to the end.

Elise Van der Valk

Het was een druilerige dag in de buitenwijken van Brussel, waar de straten gehuld waren in een waas van mist en de geluiden van het dagelijks leven werden gedempt door de zware wolken die boven de stad hingen. In een vervallen café aan de rand van de stad zat een man alleen aan een tafeltje, zijn gedachten verloren in een doolhof van herinneringen en spijt.

Zijn naam was Thomas De Vries, een voormalig inspecteur bij de politie van Brussel, die zijn dagen nu sleet in een roes van drank en wanhoop. Ooit was hij een gerespecteerd agent, maar ergens onderweg was hij verdwaald, zijn leven ontspoord door gebeurtenissen die hij niet kon vergeten.

Terwijl hij zijn zoveelste glas whiskey achterover sloeg, voelde Thomas de schaduw van het verleden over hem heen hangen, zijn herinneringen aan een zaak die hij nooit had kunnen oplossen. Het was de zaak van de verdwenen vrouw, een mysterie dat hem bleef achtervolgen, zelfs na al die jaren.

Het begon allemaal op een regenachtige nacht, toen een jonge vrouw genaamd Elise Van der Valk verdween zonder een spoor achter te laten. Thomas was destijds belast met het onderzoek, en hij had alles in het werk gesteld om haar te vinden, maar tevergeefs. Haar verdwijning had hem achtervolgd, zijn nachtmerries gevuld met beelden van haar vermiste gezicht.

En nu, jaren later, zat Thomas nog steeds vast in het web van zijn eigen schuldgevoelens, zijn geest gekweld door vragen die hij nooit had kunnen beantwoorden. Wat was er met Elise gebeurd? Was ze nog in leven, of was ze verloren gegaan in de duisternis van de stad?

Terwijl Thomas zijn gedachten liet afdwalen, werd zijn aandacht plotseling getrokken door een vreemdeling die het café binnenkwam.

Het was een man met een vermoeid gezicht en donkere ogen vol geheimen, en Thomas wist meteen dat hij niet zomaar een voorbijganger was.

De man liep recht op Thomas af en nam plaats aan zijn tafeltje, zijn blik peilend terwijl hij sprak. "Ik heb gehoord dat je op zoek bent naar antwoorden," zei hij, zijn stem zwaar van betekenis.

Thomas keek de man verbaasd aan, zijn interesse gewekt. "Hoe weet je dat?" vroeg hij, zijn stem schor van de whiskey.

De man glimlachte mysterieus en leunde iets naar voren. "Omdat ik weet wat er met Elise is gebeurd," zei hij, zijn stem een fluistering in de donkere hoek van het café.

Thomas staarde de man met grote ogen aan, zijn hart bonzend van opwinding en angst. "Vertel me alles," fluisterde hij, zijn stem nauwelijks hoorbaar boven het geroezemoes van het café.

En zo begon de vreemdeling zijn verhaal, een verhaal van geheimen en leugens, van liefde en verraad. Hij vertelde Thomas over Elise's verdwijning, over de duistere krachten die haar hadden meegesleurd in een wereld van criminaliteit en bedrog. Hij vertelde hem over de schaduwen die over de stad hingen, over de corruptie die haar greep had op degenen die dachten dat ze onschendbaar waren.

En terwijl Thomas luisterde naar het verhaal van de vreemdeling, voelde hij een vuur in zijn borst branden, een verlangen om de waarheid te achterhalen en gerechtigheid te laten zegevieren. Hij wist dat hij niet langer kon weglopen voor zijn verleden, dat hij de demonen moest confronteren die hem al die jaren hadden achtervolgd.

Met een vastberaden blik stond Thomas op van zijn stoel, zijn hart vervuld van vastberadenheid en hoop. Hij wist dat de weg voor hem lang en gevaarlijk zou zijn, maar hij was vastbesloten om door te zetten, om Elise te vinden en de waarheid te achterhalen, koste wat het kost.

En dus begon Thomas aan zijn zoektocht, zijn pad bezaaid met obstakels en gevaren. Maar hij was niet bang, want hij wist dat hij niet alleen was. Hij had de waarheid aan zijn zijde, en met die waarheid zou hij de duisternis verdrijven en het licht van gerechtigheid laten schijnen, zelfs in de diepste schaduwen van het verleden.

49

Elise Van der Valk

It was a dreary day in the outskirts of Brussels, where the streets were shrouded in a haze of mist and the sounds of daily life were muted by the heavy clouds hanging over the city. In a rundown café on the edge of town, a man sat alone at a table, his thoughts lost in a maze of memories and regret.

His name was Thomas De Vries, a former inspector with the Brussels police, now spending his days in a haze of drink and despair. Once a respected officer, he had lost his way somewhere along the line, his life derailed by events he could not forget.

As he downed yet another glass of whiskey, Thomas felt the shadow of the past looming over him, memories of a case he had never been able to solve. It was the case of the missing woman, a mystery that continued to haunt him, even after all these years.

It all started on a rainy night, when a young woman named Elise Van der Valk disappeared without a trace. Thomas was assigned to the case at the time, and he had spared no effort to find her, but to no avail. Her disappearance had haunted him, his nightmares filled with images of her missing face.

And now, years later, Thomas was still trapped in the web of his own guilt, his mind tormented by questions he had never been able to answer. What had happened to Elise? Was she still alive, or had she been lost in the darkness of the city?

As Thomas let his thoughts wander, his attention was suddenly drawn to a stranger entering the café. It was a man with a tired face and dark eyes full of secrets, and Thomas knew immediately that he was not just any passerby.

The man walked straight up to Thomas and took a seat at his table, his gaze piercing as he spoke. "I've heard you're looking for answers," he said, his voice heavy with meaning.

Thomas looked at the man in surprise, his interest piqued. "How do you know that?" he asked, his voice hoarse from the whiskey.

The man smiled mysteriously and leaned forward slightly. "Because I know what happened to Elise," he said, his voice a whisper in the dark corner of the café.

Thomas stared at the man with wide eyes, his heart pounding with excitement and fear. "Tell me everything," he whispered, his voice barely audible above the buzz of the café.

And so the stranger began his tale, a story of secrets and lies, of love and betrayal. He told Thomas about Elise's disappearance, about the dark forces that had swept her into a world of crime and deceit. He told him about the shadows hanging over the city, about the corruption that gripped those who thought themselves untouchable.

And as Thomas listened to the stranger's story, he felt a fire burning in his chest, a desire to uncover the truth and let justice prevail. He knew he could no longer run from his past, that he had to confront the demons that had haunted him all these years.

With a determined look, Thomas rose from his chair, his heart filled with determination and hope. He knew the road ahead would be long and dangerous, but he was determined to press on, to find Elise and uncover the truth, no matter the cost.

And so Thomas began his quest, his path strewn with obstacles and dangers. But he was not afraid, for he knew he was not alone. He had the truth on his side, and with that truth, he would banish the darkness and shine the light of justice, even in the deepest shadows of the past.

De Avonturen van Meneer de Mopperkont

Meneer de Mopperkont was een man van gewoontes en eigenaardigheden. Zijn dagen verliepen altijd volgens een strikt schema en hij hield er niet van als er iets zijn routine verstoorde. Hij had een hekel aan verandering en klaagde voortdurend over alles wat niet volgens zijn verwachtingen verliep.

Op een dag, terwijl Meneer de Mopperkont zijn gebruikelijke ochtendwandeling maakte, gebeurde er iets vreemds. Hij struikelde over een losse stoeptegel en viel met een luide plof op de grond. Geschrokken krabbelde hij overeind en keek verontwaardigd naar de tegel, alsof het zijn schuld was dat hij was gevallen.

"Typisch," mompelde hij, terwijl hij zijn jas afklopte en verder liep. "Alles gaat altijd mis als ik iets probeer te doen."

Maar tot zijn verbazing merkte Meneer de Mopperkont dat de mensen om hem heen niet reageerden zoals gewoonlijk. In plaats van hem te negeren of hem verbaasd aan te kijken, begonnen ze te lachen en hem vriendelijk toe te spreken.

"Het is vast je geluksdag!" riep een oude dame vrolijk. "Misschien moet je een lot kopen!"

Meneer de Mopperkont fronste zijn wenkbrauwen en keek verbaasd om zich heen. Wat was er met de wereld aan de hand? Waarom lachten mensen naar hem alsof hij een of andere grap vertelde?

Verward vervolgde hij zijn weg door de straten van de stad, zijn gedachten gevuld met verwarring en irritatie. Hoe durfden mensen zomaar tegen hem te lachen? Hij was toch niet hun vriend?

Maar naarmate de dag vorderde, begon Meneer de Mopperkont iets vreemds op te merken. Telkens wanneer hij zijn gebruikelijke klaagzang begon, leken mensen alleen maar harder te lachen en nog vriendelijker tegen hem te zijn.

Op een gegeven moment stopte een jongeman hem op straat en bood hem een gratis ijsje aan. "Omdat je er zo vrolijk uitziet vandaag!" zei hij met een knipoog.

Meneer de Mopperkont was met stomheid geslagen. Hoe kon het dat mensen hem nu plotseling aardig vonden, terwijl hij alleen maar zijn gebruikelijke gemopper deed?

Die avond, toen hij thuis kwam, besloot Meneer de Mopperkont om zijn vrienden te bellen en zijn bizarre ervaring van de dag te delen. Maar tot zijn verbazing begonnen ook zij te lachen en hem te vertellen hoe blij ze waren dat hij eindelijk zijn humeur leek te hebben verbeterd.

"Misschien moet je vaker struikelen," grapte zijn beste vriend. "Het staat je goed!"

Meneer de Mopperkont kon zijn oren niet geloven. Was het mogelijk dat zijn gemopper eigenlijk mensen afschrok en dat zijn valpartij mensen juist aan het lachen maakte?

Vanaf die dag besloot Meneer de Mopperkont een nieuwe benadering van het leven te omarmen. In plaats van te klagen over alles wat misging, begon hij de humor in te zien van de alledaagse tegenslagen. En tot zijn verbazing ontdekte hij dat de wereld eigenlijk een stuk vriendelijker en vrolijker was dan hij ooit had gedacht.

En hoewel hij nog steeds af en toe een mopperkont kon zijn, was Meneer de Mopperkont voortaan een stuk minder mopperig. Want soms is een beetje humor het beste medicijn tegen het leven's kleine ongemakken.

The Adventures of Mr. Mopperkont

Mr. Mopperkont was a man of habits and peculiarities. His days always followed a strict schedule, and he didn't like it when anything disrupted his routine. He detested change and constantly complained about everything that didn't go according to his expectations.

One day, while Mr. Mopperkont was taking his usual morning walk, something strange happened. He tripped over a loose paving stone and fell to the ground with a loud thud. Startled, he scrambled to his feet and looked indignantly at the stone, as if it were its fault that he had fallen.

"Typical," he muttered, brushing off his coat and continuing on. "Everything always goes wrong when I try to do something."

But to his surprise, Mr. Mopperkont noticed that the people around him weren't reacting as usual. Instead of ignoring him or looking at him in surprise, they started laughing and speaking to him kindly.

"It must be your lucky day!" exclaimed an old lady cheerfully. "Maybe you should buy a lottery ticket!"

Mr. Mopperkont furrowed his brow and looked around in astonishment. What was wrong with the world? Why were people laughing at him as if he were telling some kind of joke?

Confused, he continued on his way through the city streets, his thoughts filled with bewilderment and irritation. How dare people just laugh at him like that? He wasn't their friend, was he?

But as the day went on, Mr. Mopperkont began to notice something strange. Every time he started his usual grumbling, people only laughed harder and seemed even friendlier to him.

At one point, a young man stopped him on the street and offered him a free ice cream. "Because you look so cheerful today!" he said with a wink. Mr. Mopperkont was dumbfounded. How could it be that people suddenly liked him when all he did was his usual grumbling?

That evening, when he returned home, Mr. Mopperkont decided to call his friends and share his bizarre experience of the day. But to his surprise, they too started laughing and telling him how glad they were that he seemed to have improved his mood.

"Maybe you should trip more often," joked his best friend. "It suits you well!"

Mr. Mopperkont couldn't believe his ears. Was it possible that his grumbling actually drove people away and that his fall made people laugh?

From that day on, Mr. Mopperkont decided to embrace a new approach to life. Instead of complaining about everything that went wrong, he began to see the humor in life's everyday setbacks. And to his surprise, he discovered that the world was actually a much kinder and happier place than he had ever thought.

And although he could still be a grump occasionally, Mr. Mopperkont was now a lot less grumpy. Because sometimes, a little humor is the best medicine for life's little inconveniences.

Eva en De Dans van de Vuurvlinder

Het was een warme zomerdag toen Eva besloot om een wandeling te maken in het park. De zon scheen fel aan de hemel en de bloemen stonden in volle bloei, hun zoete geur vulde de lucht.

Terwijl Eva door het park liep, zag ze een groep kinderen die aan het spelen waren op het grasveld. Ze lachten en renden rond, hun vrolijke stemmen vervulden de lucht met geluk.

Eva glimlachte terwijl ze naar de kinderen keek. Ze voelde een vreemd verlangen in haar hart, een verlangen naar de zorgeloze dagen van haar jeugd, toen de wereld nog een magische plek vol avontuur leek te zijn.

Plotseling viel haar oog op iets bijzonders - een vuurvlinder die rustig op een bloem zat te rusten. De vlinder was prachtig, zijn vleugels schitterden in de zon als kleine juwelen.

Eva voelde een plotselinge drang om dichterbij te komen en de vuurvlinder van dichtbij te bekijken. Voorzichtig liep ze naar de bloem toe en boog zich voorover om de vlinder te bewonderen.

Maar net toen ze haar hand uitstak om de vlinder aan te raken, fladderde hij op en begon rond haar hoofd te cirkelen. Eva lachte verrukt en strekte haar hand uit om de vlinder te volgen, maar hij was te snel voor haar en bleef onbereikbaar.

Gefascineerd door de vuurvlinder, besloot Eva hem te volgen terwijl hij door het park danste. Ze rende achter hem aan, haar hart vervuld van opwinding en verwondering.

Maar hoe hard ze ook probeerde, de vuurvlinder leek altijd net buiten haar bereik te blijven. Telkens wanneer ze dacht dat ze hem te pakken had, fladderde hij weg en liet haar achter, verlangend naar meer.

Uiteindelijk, uitgeput en buiten adem, zakte Eva neer op een bankje en keek toe terwijl de vuurvlinder hoog in de lucht verdween. Ze voelde een mengeling van teleurstelling en verwondering in haar hart, en vroeg zich af waarom de vlinder haar leek te ontwijken.

Plotseling hoorde ze een stem achter zich. Ze draaide zich om en zag een oude man naast haar staan, zijn ogen vriendelijk en zijn glimlach geruststellend.

"Heb je genoten van de dans van de vuurvlinder?" vroeg de oude man met een twinkeling in zijn ogen.

Eva knikte langzaam. "Ja, het was prachtig. Maar ik begrijp niet waarom hij me steeds ontweek."

De oude man glimlachte en ging naast Eva op het bankje zitten. "De vuurvlinder is een symbool van vrijheid en ongrijpbaarheid," legde hij uit. "Hij laat zich niet vangen, maar danst liever vrij in de lucht, zonder zich te laten binden door de wereld om hem heen."

Eva dacht na over de woorden van de oude man. Misschien was de vuurvlinder niet bedoeld om gevangen te worden, maar om bewonderd te worden voor zijn schoonheid en gratie.

Langzaam stond ze op en keek nog een keer naar de plek waar de vuurvlinder was verdwenen.

Toen ze het park verliet, voelde Eva een nieuw gevoel van vrijheid in haar hart. Ze wist dat ze niet alles hoefde te begrijpen of te controleren, maar gewoon moest genieten van de magie van het leven en de wonderen die het te bieden had.

En terwijl ze naar huis liep, voelde ze zich licht en vrolijk, als een vuurvlinder die vrij door de lucht danst, ongehinderd door de lasten van de wereld. Want soms is het de dans van de vuurvlinder die ons herinnert aan de schoonheid en de vrijheid van het leven.

Eva and The Dance of the Firefly

It was a warm summer day when Eva decided to take a walk in the park. The sun was shining brightly in the sky, and the flowers were in full bloom, their sweet scent filling the air.

As Eva walked through the park, she saw a group of children playing on the grass. They laughed and ran around, their joyful voices filling the air with happiness.

Eva smiled as she watched the children. She felt a strange longing in her heart, a longing for the carefree days of her youth, when the world seemed like a magical place full of adventure.

Suddenly, her eye caught something special - a firefly resting quietly on a flower. The firefly was beautiful, its wings shimmering in the sun like tiny jewels.

Eva felt a sudden urge to get closer and admire the firefly up close. She cautiously walked up to the flower and leaned over to admire the firefly.

But just as she reached out her hand to touch the firefly, it fluttered up and began circling around her head. Eva laughed with delight and reached out her hand to follow the firefly, but it was too fast for her and remained out of reach.

Fascinated by the firefly, Eva decided to follow it as it danced through the park. She ran after it, her heart filled with excitement and wonder.

But no matter how hard she tried, the firefly always seemed to stay just out of her reach. Every time she thought she had caught it, it fluttered away, leaving her behind, longing for more.

Eventually, exhausted and out of breath, Eva collapsed on a bench and watched as the firefly disappeared into the sky. She felt a mixture of disappointment and wonder in her heart, wondering why the firefly seemed to be avoiding her.

Suddenly, she heard a voice behind her. She turned around and saw an old man standing next to her, his eyes kind and his smile reassuring.

"Did you enjoy the dance of the firefly?" asked the old man with a twinkle in his eyes.

Eva nodded slowly. "Yes, it was beautiful. But I don't understand why it kept avoiding me."

The old man smiled and sat down next to Eva on the bench. "The firefly is a symbol of freedom and elusiveness," he explained. "It does not allow itself to be caught, but prefers to dance freely in the air, unbound by the world around it."

Eva thought about the old man's words. Perhaps the firefly was not meant to be caught, but to be admired for its beauty and grace.

Slowly, she stood up and looked once more at the spot where the firefly had disappeared.

As she left the park, Eva felt a new sense of freedom in her heart. She knew that she didn't have to understand or control everything, but simply had to enjoy the magic of life and the wonders it had to offer.

And as she walked home, she felt light and cheerful, like a firefly dancing freely through the air, unencumbered by the burdens of the world. For sometimes, it is the dance of the firefly that reminds us of the beauty and freedom of life.